No, Chayito, no

Escrito por Elena Castro, Barbara Flores y Eddie Hernández
Ilustrado por Michael Ramirez

CELEBRATION PRESS
Pearson Learning Group

Chayito busca en su libro la mascota
perfecta. A ella le encantan los animales.

Todos los días Chayito le pregunta
a su mamá:
—¿Me compras esta mascota?
Todos los días su mamá le contesta:
—No, Chayito, no.

5

Un día Chayito y su mamá van al zoológico.
Chayito ve un elefante y pregunta:
—Mamá, ¿me puedo llevar ese elefante?
—No, Chayito, no.

Chayito ve una jirafa y pregunta:

—Mamá, ¿me puedo llevar esa jirafa?

—No, Chayito, no.

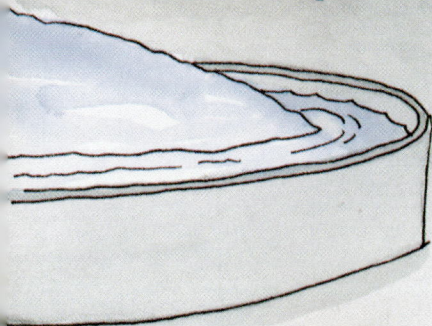

Chayito ve un oso y pregunta:

—Mamá, ¿me puedo llevar ese oso?

—No, Chayito, no.

Chayito ve un tigre y pregunta:

—Mamá, ¿me puedo llevar ese tigre?

—NO, CHAYITO, NO.

TIENDA DE REGALOS

Chayito y su mamá van a la tienda
del zoológico.

Chayito ve una tortuguita y pregunta:
—Mamá, ¿me puedo llevar esa tortuguita?

—¡Sí, Chayito, sí!